스티브 잡스

글쓴이 | **남경완**
중앙대학교에서 문학을, 한양대학교 대학원에서 문화인류학을 공부했습니다. 1996년 《현대문학》을 통해 시인으로 등단했습니다. EBS 다큐멘터리 작가로서 「공존의 그늘」로 '이달의 좋은 프로그램' 상을 받았고, 한국-노르웨이 공동 기획 다큐멘터리 「피오르드와 리아스」 제작에 참여했습니다. 지은 책으로 『거북선 : 신화에서 역사로』, 『정주영』 등이 있습니다.

그린이 | **안희건**
홍익대학교에서 광고 커뮤니케이션 디자인을 공부했습니다. 나이아가라 문화 예술 모임에서 일러스트레이션을 연구하고 있으며, A/B(Sungbuk)에서 그래픽 디자이너로 활동 중입니다. 그린 책으로 『라이트 형제』, 『반걸음 내딛다』, 『소중한 생명을 다루는 의사』가 있습니다.

지식 다다익선 42

세상을 바꾼 상상력과 창의성의 아이콘
스티브 잡스 남경완 글·안희건 그림

1판 1쇄 펴냄 2011년 10월 26일, 1판 6쇄 펴냄 2019년 7월 11일
펴낸이 박상희 편집장 박지은 편집 이경민 디자인 신현수
펴낸곳 (주)비룡소 출판등록 1994. 3. 17. (제16-849호)
주소 06027 서울시 강남구 도산대로1길 62 강남출판문화센터 4층
전화 영업 02)515-2000 팩스 02)515-2007 편집 02)3443-4318,9 홈페이지 www.bir.co.kr
제품명 어린이용 각양장 도서 제조자명 (주)비룡소 제조국명 대한민국 사용연령 3세 이상

ⓒ 남경완, 안희건, 2011. Printed in Seoul, Korea.

ISBN 978-89-491-8248-3 74990 / ISBN 978-89-491-8211-7(세트)

※이 책에 쓰인 사진은 연합뉴스, 중앙포토, 토픽 이미지에서 제공했습니다.

세상을 바꾼 상상력과 창의성의 아이콘

스티브 잡스

남경완 글 · 안희건 그림

비룡소

안녕, 나는 스티브 잡스야!

아이팟, 아이폰, 아이패드를 만든 사람이 바로 나야.

사람들은 나를 여러 이름으로 불러. 세상에 없는 물건을 만들어 낸 혁신의 아이콘이라고 치켜세우는 사람이 있는가 하면, 괴팍한 천재나 발표의 달인이라고 부르는 사람도 있어.

내가 생각하는 나는 좀 달라. 나는 늘 해적을 꿈꾸었어. 해적처럼 규칙에 얽매이지 않고 불가능한 일에 도전하고 싶었거든. 내가 세상을 바꾸고, 인류를 한 발짝 앞으로 나아가게 만들 수 있다면 얼마나 신날까? 난 아무도 가지 않는 길을 가는 것이 조금도 두렵지 않았어. 아니, 오히려 그건 내가 가장 좋아하는 일이었지.

나는 "그러면 안 돼!"라는 말이 세상에서 제일 싫어! 안 된다고 생각한 그 일이 세상을 놀라게 할 독창적인 아이디어일 수도 있잖아?

나는 1955년 2월 24일, 미국 샌프란시스코에서 태어났어. 나를 낳은 부모님이 아이를 키울 수 없는 형편이어서 나는 태어나자마자 입양되었어. 하지만 내가 버림받았다고 생각하진 않아. 나를 키워 준 부모님은 1000퍼센트 확실한 내 엄마 아빠니까. 두 분은 늘 내게 "너는 우리가 특별히 선택한 아이란다." 하고 얘기해 주셨어.

어릴 때 나는 못 말리는 말썽꾼이었어. 바퀴벌레 약을 먹어 응급실에 가거나, 전기 콘센트에 머리핀을 넣어 손을 데는 일이 예사였지. 새롭고 신기한 것을 보면 호기심 때문에 그냥 넘어갈 수가 없었거든. 온갖 종류의 부품과 신기한 공구들로 가득했던 우리 집 차고는 최고의 놀이터였어. 다른 아이들이 장난감을 사 달라며 엄마 아빠를 조를 때, 나는 전자 기계를 조립하며 나만의 장난감을 만들었어.

학교가 우리 집 차고만큼 신나는 곳이었으면 좋았을 텐데. 불행히도 학교는 따분하기 이를 데 없었어. 나는 짓궂은 장난을 치며 지루함을 달랬어. 친구들의 자전거 자물쇠 비밀번호를 바꿔 놓거나, 선생님 의자 밑에 펑 터지는 장난감 화약을 넣어 둔 거야. '애완동물 데리고 학교 가는 날' 포스터를 만들어 붙였을 때는 정말 재밌었어! 애들이 데리고 온 개와 고양이들이 교실에서 마구 뛰어다녔거든.

선생님들은 내 이름만 들어도 고개를 설레설레 내저었어. 테디 힐 선생님만 빼고 말이야.

테디 힐 선생님은 나를 어떻게 다루어야 할지 아셨어.
"스티브, 이건 너보다 나이가 훨씬 많은 아이들이 보는 수학 책이야. 이 책에 있는 문제를 풀면 커다란 막대 사탕과 5달러를 주마."

나는 이틀 만에 수학 문제를 다 풀었어. 원래 수학과 과학을 좋아하긴 했지만 공부가 재미있단 생각을 한 건 그때가 처음이었어.

공부에 재미를 붙인 덕분에 나는 다른 애들보다 1년 일찍 중학교에 들어갔어.

크리텐든 중학교는 초등학교와는 완전히 다른 세상이었어. 학생들은 툭하면 패싸움을 벌였고, 공부에는 관심도 없었어. 거기에 대면 내가 피운 말썽은 귀여운 장난이었지.

나는 학교를 옮기겠다고 막무가내로 고집을 부렸어. 부모님도 나를 말릴 수 없었지. 나는 하고 싶은 것은 어떻게든 하고야 마는 고집불통이었거든. 결국 우리 가족은 로스앨터스로 이사를 갔고 나는 다른 학교로 전학했어.

로스앨터스는 끝내주는 곳이었어. 우리 이웃에는 미국 항공 우주국에서 일하는 전자 공학자들이 살았는데, 차고에 멋진 작업대를 갖고 있었어. 나는 틈만 나면 이웃집 차고를 기웃거리면서 못 쓰게 된 부품을 얻거나, 전자 공학에 관한 까다로운 질문을 던지며 으스댔어.

전자 공학에 관해서라면 나는 누구에게도 지지 않을 자신이 있었어. 수많은 전자 기계들을 뜯고 조립해 본 데다 부품에 대해서도 잘 알았거든. 하지만 그런 자신감은 스티브 워즈니악을 만나면서 깨지고 말았어.

어느 날, 이웃에 사는 빌 페르난데스가 호들갑을 떨며 말했어.
"스티브, 네가 꼭 만나 봐야 할 사람이 있어. 워즈니악이라는 형인데, 전자 공학의 천재야!"

나보다 다섯 살 많은 워즈니악은 그때 이미 혼자서 컴퓨터를 만들고 있었어. 나는 워즈니악이 만든 컴퓨터를 보고 깜짝 놀랐어. 웬만한 컴퓨터 회사에서 만든 것보다 나아 보였거든.

워즈니악과 나는 금방 친해졌어. 나이는 달랐지만 우린 비슷한 점이 많았어. 둘 다 컴퓨터에 푹 빠져 있었고, 기발한 장난을 좋아했어. 컴퓨터 실력이 뛰어난 해커들의 모임에도 둘이 함께 나갔어.

워즈니악은 그때까지 내가 본 사람들 중에 전자 공학을 가장 잘 알았어. 그렇다고 내가 기가 죽었다는 건 아니야. 난 워즈니악만큼 전자 공학을 잘 알지는 못했지만, 워즈니악한테는 없는 배짱이 있었거든.

주파수 계수기를 만들 때의 일이야. 주파수 계수기는 전파나 음파가 1초 동안 몇 번이나 뛰는지를 헤아리는 기계야. 그런데 이 기계를 만들려면 휼렛 패커드의 부품 몇 개가 꼭 필요했어.

나는 전화번호부를 뒤져 미국에서 가장 큰 전자 통신 회사인 휼렛 패커드의 사장 빌 휼렛에게 전화를 걸었어.

"안녕하세요, 저는 스티브 잡스예요. 제가 만들고 있는 주파수 계수기에 꼭 필요한 부품이 있는데, 보내 주실 수 있나요?"

당돌하다고? 하지만 그게 부품을 구할 수 있는 가장 빠르고 정확한 방법이었어. 다행히 빌 휼렛은 유쾌하게 웃고는 부품을 보내 줬어. 그리고 나는 주파수 계수기를 완성했지.

워즈니악의 기술과 내 배짱을 합치면 세상을 놀라게 할 수 있지 않을까? 그런 생각을 처음 한 건 1971년 가을, 우리가 블루 박스를 만들었을 때였어.

블루 박스는 미국 전신 전화 회사의 장거리 전화 교환기를 속여 공짜로 전화를 거는 장치야. 처음에 우리는 블루 박스를 재밌는 장난감 정도로 여겼어. 그런데 시간이 지날수록 블루 박스로 뭔가 다른 걸 해 볼 수 있겠단 생각이 들었어. 블루 박스를 갖고 싶어 하는 사람들이 많았거든.

쟤네들 완전 부자되겠는걸?

블루 박스를 사다가 장사를 하면 큰돈을 벌 수 있겠지?

우리는 블루 박스를 100대쯤 만들어 팔았어. 전신 전화 회사에서 블루 박스를 팔지 못하도록 신고할 때까지 우리의 첫 번째 사업은 승승장구했지.

나는 이 일을 두고두고 잊지 못했어. 블루 박스는 워즈니악과 내가 처음으로 만든 '상품'이었거든!

물론 블루 박스를 만들어 판 건 잘못이야. 장난이었다곤 하지만 엄연히 전화를 훔쳐 쓴 거니까. 그래도 우리가 사람들이 필요로 하는 무언가를 만들어 냈다는 사실은 변하지 않았어.

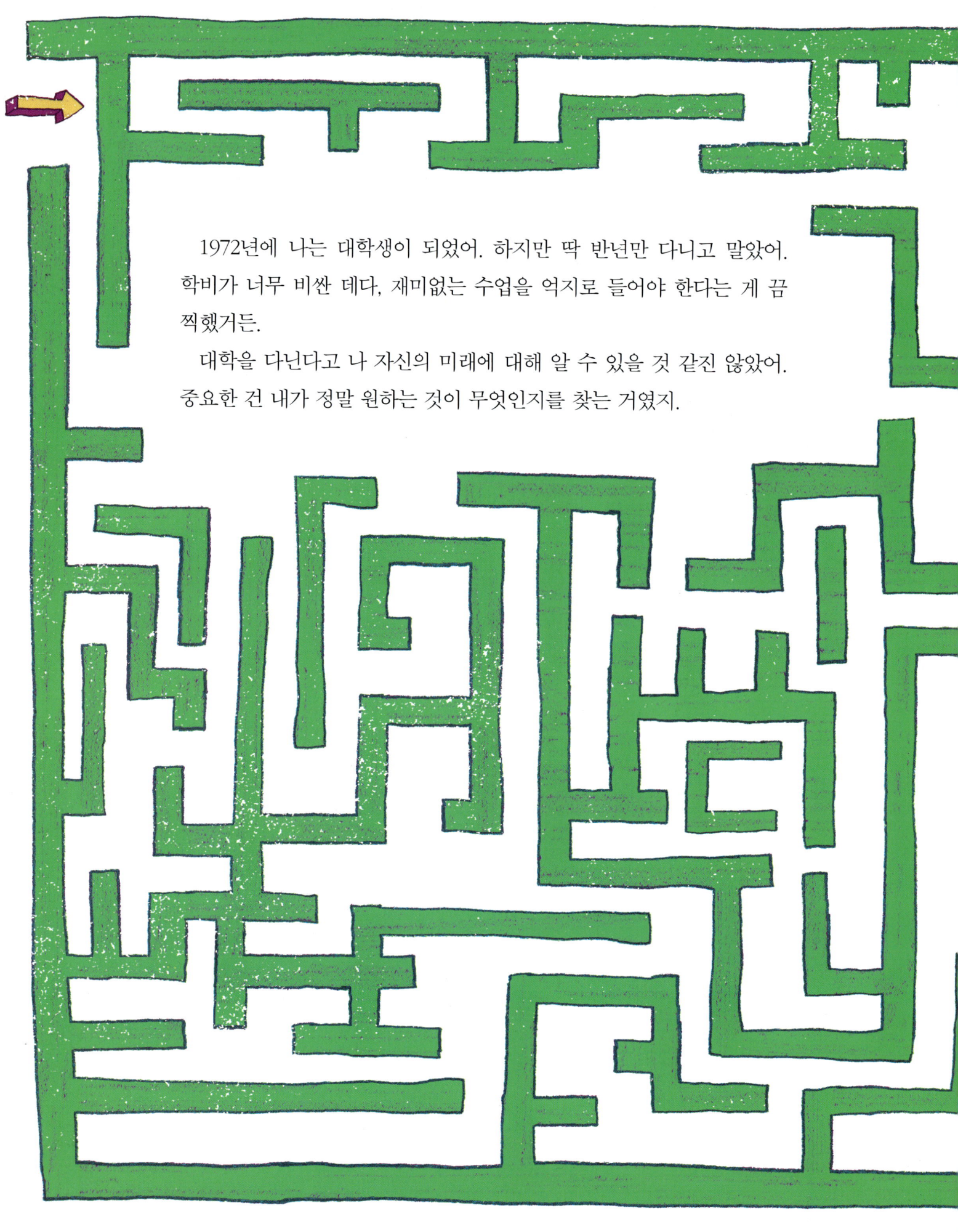

1972년에 나는 대학생이 되었어. 하지만 딱 반년만 다니고 말았어. 학비가 너무 비싼 데다, 재미없는 수업을 억지로 들어야 한다는 게 끔찍했거든.

대학을 다닌다고 나 자신의 미래에 대해 알 수 있을 것 같진 않았어. 중요한 건 내가 정말 원하는 것이 무엇인지를 찾는 거였지.

학교를 그만둔 후에도 수업은 들었어. 흥미로워 보이는 수업만 몰래 들으러 다닌 거야. 그때 들은 수업들 중 제일 재미있었던 게 캘리그래피 수업이야. 그 수업에서는 글자를 멋지게 꾸미고 구성하는 방법들을 가르쳤어. 글씨를 꾸민다는 건 아주 예술적이면서도 뛰어난 기술이 필요한 일이었지.

1974년에 나는 비디오 게임 회사인 아타리에 취직했어. 하지만 마음속으로는 블루 박스를 만들었을 때처럼, 나만의 일을 하고 싶다는 생각을 떨치지 못했어.

1975년 1월, 한 컴퓨터 잡지에 실린 기사를 보고 나는 무릎을 탁 쳤어. 그 기사는 알테어 컴퓨터에 관한 거였어. 회로기판 위에 수십 개의 칩이 꽂힌 알테어는 최초의 소형 컴퓨터였어. 알테어가 나오기 전까지 컴퓨터는 가장 작은 것도 옷장 크기만 했었어. 다루기도 어렵고 보통 사람은 살 엄두도 못 낼 만큼 비쌌지.

자, 이제 내가 무슨 생각을 했는지 알 것 같니? 나는 크고 복잡한 컴퓨터를 작고 단순하게 만들기로 마음먹었어! 학교나 큰 기업에서 전문가들만 쓰던 컴퓨터를 집집마다 책상 위에 올려놓게 만드는 거야. 누구나 쉽게 쓸 수 있도록 말이야!

1976년 4월 1일, 나는 워즈니악과 함께 애플 컴퓨터를 세웠어.

워즈니악이 알테어에서 힌트를 얻어 키보드와 모니터를 갖춘 컴퓨터를 만들 방법을 찾아냈어. 나는 우리가 만든 컴퓨터를 사 줄 사람들을 찾아다녔어.

회사를 경영하기는커녕 당장 부품 살 돈도 없었지만, 나는 자신만만했어. 워즈니악과 함께라면 세상을 바꿀 수 있을 것 같았거든.

애플 컴퓨터의 첫 번째 제품인 애플Ⅰ은 아직 회로기판에 불과했어. 하지만 애플Ⅱ는 진짜 컴퓨터였어. 근사한 플라스틱 케이스에 컬러 모니터, 스위치 형태의 전원 장치를 갖춘 제대로 된 컴퓨터 말이야!

애플Ⅱ는 덩치 큰 계산기에 불과했던 이전의 컴퓨터와 완전히 달랐어. 애플Ⅱ가 나온 이후 컴퓨터는 사람들이 일을 할 때도, 놀 때도 없어서는 안 될 물건이 되었지.

애플Ⅱ는 수많은 사람들이 꼭 갖고 싶어 하는 물건이 되었어. 우리 집 차고에서 시작한 조그마한 애플 컴퓨터가 사람들이 감탄해 마지않는 커다란 회사가 된 거야.

하지만 회사가 커진 후에도 나는 여전히 모든 일을 내 마음대로 결정했어. 직원들도 내 방식대로 다루었어. 재능이 있는 직원에게는 친절했지만, 능력이 없다고 생각되면 가차 없이 비판을 쏟은 거야. 나는 말을 가려 하거나 다른 사람의 마음을 살피는 데는 젬병이었어.

"이 디자인은 꽝이야. 사람들은 이런 컴퓨터는 쳐다보지도 않을 거야!"

"부품 가격을 더 낮춰! 우리가 만드는 컴퓨터는 몇 안 되는 컴퓨터광들을 위한 게 아니라고!"

1981년 8월, 애플보다 10배는 큰 회사인 아이비엠에서 개인용 컴퓨터를 내놓았어. 나는 골리앗에 맞서는 다윗이 된 기분으로 아이비엠의 새 컴퓨터를 샅샅이 뜯어봤어.

아이비엠의 컴퓨터는 새로운 기술도 없었고, 사용법을 배우기도 어려웠어. 모양도 세련되지 못했고 컴퓨터를 사용하는 사람에 대한 배려도 없었지. 나는 자신감에 넘쳐서 광고를 냈어. "아이비엠, 진심으로 환영한다."

골리앗 아이비엠과의 경쟁 덕분에 애플 컴퓨터와 내 이름은 더욱 유명해졌어. 1982년에는 《타임》의 표지에 나를 그린 그림이 실리기도 했어. 그 그림 밑에는 "혼자 힘으로 개인용 컴퓨터 업계를 창조했다."고 적혀 있었지.

애플Ⅱ는 놀라운 컴퓨터였지만 전화기, 라디오, 텔레비전과 비교하면 여전히 어렵고 까다로웠어. 더 쉽고 편리한 컴퓨터를 만들어야 했지. 하지만 '우주에 영향을 미칠 만큼 놀라운 컴퓨터'가 될 거란 기대 속에 발표한 애플Ⅲ, 리사, 매킨토시는 모두 말썽이었어. 애플Ⅲ는 툭하면 고장을 일으켰고, 리사는 너무 비싼 데다 처리 속도가 느렸어.

1984년에 발표한 매킨토시는 반응이 꽤 괜찮았어. 아이콘을 클릭해서 프로그램을 여는 방식으로 만들어서, 컴퓨터 명령어를 모르는 사람들도 쉽게 다룰 수 있었거든. 하지만 아이비엠에서 매킨토시와 비슷한 컴퓨터를 개발하자 매킨토시의 인기는 금세 사그라졌어. 사람들은 비싼 데다 다른 컴퓨터의 장치나 부품을 쓸 수 없게 만들어진 매킨토시를 좋아하지 않았어.

이 일로 나는 애플에서 쫓겨나고 말았어. 내가 회사에 너무 큰 손해를 입혔단 거였지.

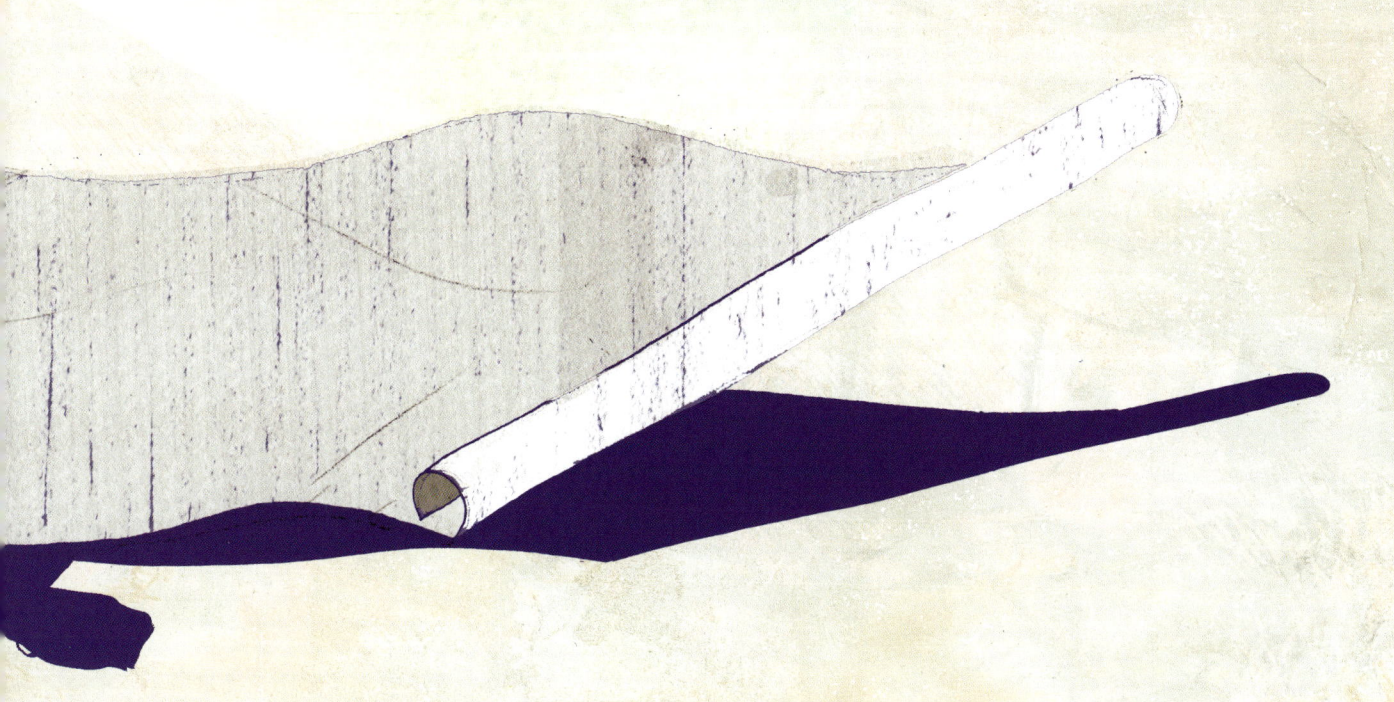

한동안 나는 아무것도 할 수 없었어. 내가 만든 회사에서 쫓겨나다니, 믿을 수가 없었지. 하지만 그대로 주저앉을 수는 없었어. 날 쫓아낸 사람들에게 본때를 보여 줘야 했어.

나는 새로운 회사를 세우고 넥스트라고 이름을 붙였어. 그래픽 기능이 뛰어난 컴퓨터를 만드는 픽사도 사들였어. 넥스트와 픽사에서 만든 컴퓨터는 어떤 컴퓨터보다 성능이 뛰어났지만, 많은 사람들이 쓰기에는 너무 비싸고 복잡했어. 나는 픽사에서 만드는 애니메이션으로 눈길을 돌렸어. 컴퓨터의 그래픽 기능을 알리기 위해 만들기 시작한 픽사의 애니메이션이 세상을 바꾸게 될 거라고 생각했지.

1995년 픽사에서 만든 애니메이션 「토이 스토리」가 어마어마한 성공을 거두었어. 「토이 스토리」는 카메라 없이, 오로지 컴퓨터 그래픽으로만 만들어진 첫 번째 애니메이션이었어. 그전까지 애니메이션은 일일이 사람이 손으로 그려서 만들었어. 컴퓨터로 애니메이션을 만든다는 건 상상도 할 수 없는 일이었지. 그런데 픽사가 컴퓨터만으로 완벽한 이야기를 만들어 보인 거야. 그건 누구나 컴퓨터만 있으면 자신의 이야기를 펼쳐 보일 수 있단 뜻이었어.

그 무렵 애플은 큰 어려움을 겪고 있었어. 오랫동안 새로운 제품을 내놓지 못했기 때문이지. 사람들은 더는 애플의 컴퓨터를 사지도, 눈여겨보지도 않았어.

나는 애플이 그렇게 무너지는 걸 가만히 두고 볼 수가 없었어. 애플은 내가 시작한 회사고, 나만큼 애플을 사랑하는 사람은 없었거든. 결국 1997년에 나는 애플로 돌아갔어.

애플을 살리기 위한 내 목표는 단순했어. 또 한 번 세상을 깜짝 놀라게 할 물건을 만드는 거였지. 1998년에 나온 아이맥이 바로 그런 컴퓨터야. 아이맥은 그간 나온 어떤 컴퓨터보다도 멋지게 생겼어. 하나로 묶인 모니터와 본체, 바다를 닮은 청록색 반투명 플라스틱 케이스가 꼭 공상 과학 영화에 나오는 컴퓨터 같았지. 그때까지 컴퓨터는 대부분 칙칙한 회색이나 베이지색이었거든.

아이맥은 처음 6주 동안에만 27만 대가 넘게 팔렸어. 애플이 다시 살아난 거야!

　2001년 나는 엠피쓰리플레이어인 아이팟을 내놓았어. 아이팟은 그때까지의 엠피쓰리플레이어와는 완전히 달랐어. 바로 컴퓨터에서 음악 파일을 사고 관리할 수 있는 아이튠스 때문이었지. 사람들은 아이튠스를 통해 음악을 구하고 듣는 것을 넘어서서, 자신이 만든 음악을 다른 사람들과 나눌 수 있게 되었어. 아이팟과 아이튠스가 음악을 즐기는 방식을 바꾼 거야.

　2007년에는 휴대 전화에 아이팟과 컴퓨터 기능을 더한 아이폰을, 2010년에는 태블릿 컴퓨터인 아이패드를 내놓았어. 사람들은 아이폰과 아이패드로 언제 어디서나 인터넷을 검색하고, 메일을 주고받고, 동영상을 보거나 사진을 찍을 수 있게 됐어. 손안으로 들어온 컴퓨터인 아이폰과 아이패드가 사람들의 삶을 바꿔 버린 거야.

　이제 애플은 더 이상 단순한 컴퓨터 회사가 아니야. 누구도 상상하지 못한 놀라운 제품들을 만들어 내는 회사야.

내가 어릴 때 컴퓨터는 전문가밖에 만지지 못하는 어렵고 까다로운 기계였어. 애플Ⅱ와 매킨토시는 그런 컴퓨터를 어린아이부터 할머니, 할아버지까지 누구나 쓸 수 있는 신나는 도구로 바꾸었어.

아이팟, 아이폰, 아이패드는 더욱 놀라운 세상을 펼쳐 놓았어. 이젠 누구나 아름다운 음악을 만드는 작곡가, 근사한 사진을 찍는 사진가가 될 수 있어. 멋진 영화감독이 되는 것도 꿈이 아니야. 사람들이 소통하고, 문화를 즐기고, 지식을 습득하는 방법이 모두 달라진 거야.

세상을 바꾸고 싶었던 내 꿈은 이루어진 걸까? 한 가지 확실한 건, 자신이 세상을 바꿀 수 있다고 생각하는 사람만이 변화를 가져올 수 있다는 거야. 그런 사람만이 주위 사람들을 움직이고 세상을 앞으로 나아가게 하거든.

Think Different! 잊지 마! 남들과 다르게 생각하는 용기 그리고 내가 세상을 바꿀 수 있다는 믿음을.

스티브 잡스는 2004년 췌장암 진단을 받고 큰 수술을 받았어요. 2009년에는 간 이식 수술도 받았지요. 하지만 늘 스스로를 해적이라고 생각했던 스티브 잡스는 죽음에도 용감히 맞섰어요. 병과 싸우면서도 아이폰, 아이패드처럼 사람들을 깜짝 놀라게 만드는 제품들을 내놓은 거예요. 2011년 10월 5일, 스티브 잡스는 결국 세상을 떠났어요. 하지만 스티브 잡스가 보여 준 상상력과 열정, 에너지는 지금도 한 사람이 세상을 얼마나 많이 바꿀 수 있는지를 말해 주지요.

세상을 놀라게 한 스티브 잡스

스티브 잡스는 컴퓨터, 음악, 영화, 통신 분야에서 세상에 없던 물건들을 만들어 내 혁명을 일으켰어요. 1976년 스티브 워즈니악과 함께 만든 첫 번째 컴퓨터인 애플 I 부터 휴대용 컴퓨터 아이패드까지, 스티브 잡스는 언제나 사람들이 미처 생각지도 못한 물건들을 내놓으며 세상을 깜짝 놀라게 만들었지요.

1. 애플의 컴퓨터들

1977년 스티브 잡스는 컴퓨터를 잘 모르는 사람들도 쉽게 쓸 수 있는 개인용 컴퓨터 애플 II를 내놓아 큰 성공을 거두었어요. 또 1997년 애플에 복귀한 후에는 독특한 디자인과 화려한 색상의 아이맥을 선보이며 위기에 처한 애플을 살려냈지요.

❶, ❷ 애플 I 과 애플 II 예요.
❸ 1984년 스티브 잡스는 아이콘을 클릭해 프로그램을 여는 매킨토시를 발표해 컴퓨터 산업에 혁명을 일으켰어요.
❹ 아이맥이 큰 인기를 끌면서 스티브 잡스는 적자 상태의 애플을 복귀한 지 한 해 만에 흑자로 돌려놓았어요.

2. 컴퓨터 애니메이션

1986년 「스타 워즈」를 만든 조지 루카스 감독에게 픽사를 사들인 스티브 잡스는 픽사에서 만든 컴퓨터 애니메이션에 주목했어요. 1995년 픽사에서 발표한 「토이 스토리」는 세계에서 가장 성공한 애니메이션으로 꼽히며 스티브 잡스의 이름을 더 유명하게 만들었지요.

픽사는 「토이 스토리」 이후로도 「니모를 찾아서」, 「벅스 라이프」, 「몬스터 주식회사」 등을 잇달아 발표해 큰 인기를 끌었어요.

3. 아이팟과 아이튠스

스티브 잡스가 2001년 발표한 엠피쓰리플레이어 아이팟은 단순한 디자인과 간편한 터치 방식으로 엄청난 성공을 거두었어요. 이와 함께 스티브 잡스는 2003년 아이튠스 스토어를 선보여 아이팟 사용자들이 음악, 영화, 뮤직비디오 등을 구입할 수 있도록 함으로써, 음악을 듣는 방식뿐 아니라 음반 시장 자체를 바꾸어 놓았어요.

스티브 잡스는 아이팟이 다른 엠피쓰리플레이어를 사라지게 할 거라고 큰소리를 쳤어요. 그 말처럼 아이팟은 아이팟 미니, 아이팟 나노 등 다양한 디자인으로 나와 많은 사람들의 사랑을 받았어요.

4. 아이폰

2007년에 나온 아이폰은 순식간에 전 세계 사람들을 사로잡았어요. 휴대 전화에 아이팟과 컴퓨터 기능을 더한 아이폰으로 스티브 잡스와 애플은 절정기를 맞았지요. 아이폰의 등장으로 사람들은 어디서나 인터넷을 검색하고 메일을 주고받으며 동영상과 사진을 촬영하고 편집할 수 있게 되었어요.

아이폰은 '컴퓨터를 닮은 휴대 전화', '손 안의 컴퓨터' 등으로 불리며 전 세계적으로 스마트폰 열풍을 불러왔어요.

5. 아이패드

2010년 발표된 아이패드는 터치스크린을 갖춘 휴대용 컴퓨터예요. 화면에 나타나는 가상 키보드를 통해 문자를 입력하지요. 노트북 컴퓨터나 데스크탑 컴퓨터에서 하던 작업을 이어서 할 수 없는 단점이 있지만, 책과 잡지를 읽거나 영화를 보고 게임을 하는 등의 용도로 쓰이면서 큰 인기를 끌고 있어요.

2010년 4월 발표된 아이패드는 1년 만에 무려 1,900만 대나 팔렸어요.

스티브 잡스의 생애

1955년   2월 24일 미국 샌프란시스코에서 태어나다.
1973년   리드 대학을 반년 만에 그만두다.
1976년   스티브 워즈니악과 함께 애플 컴퓨터를 세우다.
1977년   개인용 컴퓨터 애플Ⅱ를 발표하다.
1984년   매킨토시를 발표하다.
1985년   애플 컴퓨터에서 쫓겨나다. 넥스트를 세우다.
1986년   픽사를 인수하다.
1988년   넥스트에서 새로운 컴퓨터를 발표하나 실패하다.
1991년   로렌 파월과 결혼하다.
1995년   픽사의 장편 애니메이션 「토이 스토리」가 개봉하다.
1997년   애플 컴퓨터의 최고 경영자로 복귀하다.
1998년   아이맥을 발표하다.
2001년   아이팟을 발표하다.
2004년   췌장암 수술을 받다.
2007년   아이폰을 발표하다.
2009년   간 이식 수술을 받다.
2010년   아이패드를 발표하다.
2011년   10월 5일 세상을 떠나다.